D'ici et d'ailleurs

Du même auteur

Les voix du Chemin, Éditions Terre d'Accueil, 2021, récit

Le jour se lèvera, Éditions David, 2020, roman

Poèmes de la résistance, Éditions Prise de parole, 2019, collectif

Hubert, le restavèk, Éditions David, 2017, roman

J'ai marché sur les étoiles : sept leçons apprises sur le chemin de Compostelle, 2015 (réédition 2019), récit

Envolées, 2009 (rééditions 2015, 2017 et 2019), poésie

Haïti, je t'aime, Éditions du Vermillon, 2010, collectif

Les muses s'amusent en l'an 2000, AAOF, 2000, collectif

Efflorescences, 2000 (épuisé), poésie

Gabriel Osson

D'ici et d'ailleurs

Poèmes

Catalogage avant publication de Bibliothèque et Archives Canada

Titre : D'ici et d'ailleurs / Gabriel Osson.

Noms : Osson, Gabriel, auteur.

Description : Poèmes.

Identifiants : Canadiana (livre imprimé) 20210315474 | Canadiana (livre numérique) 20210315547 | ISBN 9782925133087 (couverture souple) | ISBN 9782925133094 (PDF) | ISBN 9782925133100 (EPUB)

Classification : LCC PS8579.S66 D52 2021 | CDD C841/.6—dc23

L'auteur souhaite reconnaître le soutien financier du Conseil des arts du Canada qui a permis de réaliser une partie de ce projet.

Merci de vous procurer le CD du même nom qui accompagne ce recueil. www.gabrielosson.com

Édition : Suzanne Kemenang
Révision linguistique : Marie-Pierre Laëns
Mise en pages : Marie Blanchard

ISBN 978-2-925133-08-7 (papier) | 978-2-925133-09-4 (PDF) | 978-2-925133-10-0 (ePub)

Photographie de la couverture : tableau de l'auteur.

Dédicaces et remerciements

Merci à tous mes amis qui sont restés fidèles
à mes élucubrations de poète, de partager autant
de moments de bonheur et d'être là à mes côtés,
même quand je m'échappe, que l'imaginaire
prend le dessus et occupe tout mon univers.

À ma chère Yvonne, ma mère et mon premier amour,
partie en Guinée retrouver les ancêtres.

À Geneviève qui a tellement rêvé de ce pays.

À Fred, pour ce que tu es.

À toute la famille Osson d'ici et d'ailleurs, mes frères et sœurs,
pour votre attachement à l'être que je suis.

Enfin à vous qui peuplez mon imaginaire
gardiens de mon jardin secret
qui continuez de m'accompagner
dans ma lente marche de poète.

Livret I

Mon ailleurs c’est ici

Désirer un ailleurs
partir vers l’inconnu
s’habituer à cet étrange quotidien
vouloir tout quitter encore et repartir
sans arriver nulle part

Découvrir de nouveaux chemins
pour exorciser ce mal en moi
qui ne s’échappe jamais
fuir ici et le retrouver ailleurs

Ailleurs n’est pas mieux qu’ici
ici ou ailleurs qu’importe
ce que je fuis
réside partout où je suis

Éden

Dans le croissant fertile de tes yeux
naissent les edelweiss
sous une rosée de tendresse printanière
rêve d'automne
aux cheveux d'argent

Ce jardin fleurit
de tes sourires
le long des allées souvenirs
pleure quand tu pleures
soupire quand tu soupires
dans l'attente de la nouvelle saison

Je t'y donne rendez-vous
nous nous y retrouverons
sur la pointe des pieds
pas besoin de clé
pousse la porte
et assieds-toi

Pousse la porte
il est pour toi

Jardin intime

Se réveiller ivre de bonheur et de plaisir
comblé et rempli de l'autre
ébloui de lumière
admirer le lever du jour
un grain de beauté une cicatrice
les dahlias flamboyants dans le jardin
toucher la course des nuages
caresser l'écorce rugueuse d'un chêne centenaire
humer la bonté
de ceux qui nous entourent
l'amitié tendue en offrande
sans attente
vivre enfin
sachant aucun retour certain
ni lendemain

Changement de saison

Le ciel turquoise flirte avec les filaments laiteux
que le vent façonne et transforme
en dragons à la gueule béante
crachant un soleil d'opale

Craque le tapis du sous-bois jaune orange et bourgogne
sous nos pas
dans une bouffée de mycellium
et d'humus humide

Les feuilles crispées tourbillonnent dans les rafales
kaléidoscope d'une nature morte et vivante
transformée par un rayon de soleil en éclats
de lumière mordorée enchevêtrée

Le chien fonce au milieu
tourne poursuit sa queue sans jamais l`attraper
puis lassé de sa course folle se roule dans les feuilles
sa fourrure fauve se mariant à l'automne

L'air se contracte le soleil disparaît les arbres se taisent
les écureuils les chevreuils
les bruants à gorge blanche
retiennent leur souffle

L'hiver s'en vient

Paroles paroles

Mes mots ne sont pas les miens
ils me sont offerts
par le sifflement du vent dans la plaine embrumée
par le feu qui crépite dans la cheminée
Les mots ne me sont que prêtés
pour être utilisés avec parcimonie
ne jamais les user les vider

Je laisse le soin aux pages blanches
de veiller sur leur sommeil
dans le silence des livres

D'autres les réveilleront
pour leur figurer de nouveaux sens
les enrichir d'expériences

Je suis un gardien des mots
parmi tant d'autres
qui aspire à transmettre
la mémoire jusqu'à son terme

Les poètes

Ils mettent leur oreille à l'écoute
de ce qui murmure par-delà le temps
ils prennent des libertés
que la liberté même ignore

Ils inventent des étoiles
créent des continents qu'ils peuplent
de personnes belles laides vraies
façonnent des pays sans frontières
où l'absolu conjugue le verbe aimer au présent

Ils dénoncent la cruauté l'injustice
la dictature l'esclavage ancien et nouveau
dans un cri que rien ne peut éteindre

Ils voyagent sans jamais partir
et partent sans jamais revenir
ils aiment jusqu'au délire
avec pour seules extases
celles de l'esprit

Ils s'inventent des amours divins
pour masquer la douleur de ce monde
qui les étreint et les étouffe parfois

Écartelés entre le rêve et la réalité
ils s'exilent du monde des vivants
souffrent de ne pas être compris
s'émerveillent de l'être enfin

Les mots 1

Je viens te parler
du mal qu'ils font à ma langue
ce sont mes mots tes mots
qu'on assassine

Interdite dans les universités
ses professeurs renvoyés
leurs postes supprimés
leur pensée effacée

Nier l'existence d'un peuple
gommer notre trait d'union
à coups de coupes dans les budgets
officiels no officieux yes

Ma langue ta langue
nouveau latin vivant
a construit des ponts sur tous les océans
se parle sur tous les continents

Ils ne peuvent encore entrer dans ma chambre
d'écriture de résistant
où le mot se fait se tait s'éteint
renaît dans la langue ancienne et nouvelle

Mes mots se publient se lisent
à Toronto Québec Bruxelles Paris Haïti Yaoundé
rien ne peut les arrêter
ma langue ta langue
vit s'enrichit vibre bat de pulsations séculaires
se renouvelle et se crée tous les jours

Good luck, man!

Résiste[1]

Ce matin j'ai mal à ma langue
tant d'affronts pour l'abaisser et l'humilier

Des ignares
insensibles à ton histoire et à ta contribution
voudraient d'un revers de la main oblitérer
400 ans de présence francophone sur cette terre
ontarienne

Université de l'Ontario français
Résiste

Résiste
belle langue
pour continuer d'exister sur ce continent
comme les autres
tu as mérité ta place

Montfort
résiste même quand on te dit
Speak white
crie plus fort
par la voix de ton peuple
qu'on veut opprimer

Sois fière
de tes accents divers
de tes enfants nouvellement arrivés
qui t'enrichissent
Résiste
jusqu'à ta dernière consonne

---

1. Une version antérieure a été publiée dans le collectif *Poèmes de la résistance*, Éditions Prise de parole, 2019.

Rattrapage

Aimer
quand il n'y a plus d'amour
et apprécier l'amitié offerte

S'émerveiller des cadeaux
de la vie quand les yeux restent clos
à ses beautés

Être
au mieux être
fier de ce qu'on est devenu

Les évasions nécessaires

S'inventer des sourires
rêver d'un ailleurs
quand mes rêves ne rêvent plus

Ma mémoire se fait vide
mon écran reste noir
les neurones en poussière

S'inventer un jardin aux fleurs tendres
semer du vent
et ne rien cueillir

Viens
invente-moi un sourire
je suis triste à en mourir

Vivre ensemble

Dans le bonheur incertain
s'abreuver du plaisir de l'autre
et battre au même rythme

Vivre ensemble les heures qui passent
savourer la plénitude nouvelle

Apprécier ce qu'on est
se réjouir de ses récoltes
gratitude et reconnaissance

Vivre au présent
l'un pour l'autre
et l'autre pour l'un

Au clair de Montréal

La lune coincée
entre deux gratte-ciels
prête à enfanter la lumière
se balance au bout de son fil invisible
métronome de la métropole

Elle s'infiltre
illumine la laideur du ventre décadent
jusque dans les recoins les plus sombres
apporte une pauvre lueur
sur tant de laideur et de peine

Je me sens si seul dans cette île-mégapole surpeuplée
les passants s'affairent, hagards et pressés
regards vides et lointains typiques
fuyant la machine à broyer dès leur journée terminée

Prisonnière de ces tours qui volent ta lumière
pourquoi pleures-tu
la misère des gens
qui se foutent de ta présence
les deux pieds dans la sloche

Bottes calciumées et mains gantées
ils se pressent enfoulardés emmitouflés
tous au combat
contre les couloirs de vent

Rêveries contraires

J'ai peint mes rêves en bleu
et ma vie couleur de saisons nouvelles
les années roses de mes joues se sont estompées
les décennies ont creusé leurs sillons
au coin de mes paupières

J'ai peint mes rêves en blanc
mais le réveil a noirci mon horizon de pluie
je grelotte
la neige déjà

J'ai imbibé mon pinceau d'orange brûlée
travaillé les ombres les creux et mes idées au fusain
ce râle au fond de ma gorge précède-t-il l'éternité ?

J'ai peur des jours perdus
de me retrouver trop vieux avant d'avoir vécu
j'ai peur des heures qui s'allument et s'éteignent
des rêves déjà fanés
le bleu délavé dilue ma réalité
le rouge saigne mon passé

Les toiles se colorent de vert forêt
se remplissent et s'entassent
l'innocence des pastels m'échappe
surtout garder les yeux ouverts sur des gens à aimer
dans ma vie couleur de saisons nouvelles

Abandon

Vieillards isolés retirés parqués
dans des usines à oubli
réserves des hommes périmés
mouroirs dépressifs

À coups de comment ça va les amis
leur parler bébé
tuer ce qu'ils ont été et sont
les faire revenir aux couches de la dépendance

Le calendrier s'est arrêté
se répète toujours la même journée
débarbouillette déjeuner cartes dîner télé souper coucher
Il n'y a plus de demain

Lundi mardi mercredi jeudi
vendredi la surprise de la semaine du mois
peut-être un bain peut-être rien
samedi dimanche de la visite non

À force de les oublier
leur mémoire s'est estompée à hier
et l'horloge du salon marque une heure
qui ne veut plus rien dire

Gardiens d'enfants vieux
courent dans les couloirs s'essoufflent dans les chambres
une pilule ici allez mangez madame Bernard
je change votre couche monsieur Joseph
pour les draps ça attendra

...Abandon

Les vieux on n'en a que faire ça sert à quoi d'ailleurs
ça prend de la place pour rien dans ces stationnements
de gérontes à la durée limitée
la place qu'on attend c'est une mamie qui meurt

Agir

Pour ne pas laisser l'indécision ronger nos espoirs
agir en avant
en dépit de tout et de tous
agir pour ne pas crever inertes
sans avoir essayé

Les mots 2

Ils se bousculent en moi
mots fluides chansons de source
ruissellent des forêts des Mornes
jusqu'à la mer première

Ils agonisent
là-bas ici aujourd'hui autrefois
pour chaque enfant haïtien qu'on laisse crever
chaque autochtone enlevé prisonnier d'un pensionnat

Dans le silence
les mots des griots disparaissent avec eux
soufflés par le vent du désert
se dérobent expirent au coin du feu

L'écho tragique des mots morts
des Grandes Plaines à la savane
emporte leurs traditions ancestrales
ma langue en peine se perd avec eux

Héroïsme (extra)ordinaire

Ils sont montés au front loin de leurs familles
comme nos ancêtres au champ de bataille
lutter contre un ennemi invisible imprévisible
insaisissable

Ils ont bravé la pandémie
parfois au péril de leurs vies
leurs tâches de plus en plus ardues hasardeuses
rempilant pour des heures des jours des semaines

Les soignants de la COVID
ont laissé leur santé
dans les hôpitaux et les couloirs des asiles
seuls dépositaires des espoirs de nos vieillards

La fatigue se lit malgré les masques
dans les mouroirs privés ou institutionnels
le contact des gants en nitrile
des vêtements de protection
le peau à peau n'existe plus

Seize corps fatigués pour un préposé le jour
c'est pire la nuit
il n'y a plus assez de mains pour suffire à la tâche
et le cœur, qui s'occupe du cœur ?

Livret II

Identités

Je suis de la mouvance
fils de la lune et de la mer
je suis d'Afrique et d'Haïti,
je suis issu de l'errance
en des temps de transhumances inhumaines
ces temps où l'humanité de certains était questionnée
les ramenant au rang de bête
fils d'esclaves, né libre

Perdu dans la diaspora
je suis un ethno quelque chose
afro-ci et afro-ça

Je suis fils du soleil et de la terre
j'ai mes racines aux Antilles
et mes branches tentaculaires
s'étirent au nord de l'Amérique, en Europe, en Afrique
pas assez haïtien pour les Haïtiens
trop étrange pour les autres

Je suis issu de l'errance
vagabond aux pieds nus
gitan d'avant le temps

Je suis celui qui n'est pas d'ici et point d'ailleurs
je suis d'Afrique et de France, d'Haïti et du Canada
pris entre deux cultures qui ne semblent jamais
vouloir tout à fait de moi
le monde est ma patrie

Tambours et Assons

Flou-flouch-flou-flouch
Faites sonner les assons et les fers
Appelez la combite
pour le grand sarclage du champ de nos vies
à cultiver à mains d'hommes et de femmes vaillantes
comme le faisaient nos aïeux
comme le font encore les paysans

Ting-tigiding-ting-tigiding
Sonnez les fers
Appelez les loas de la Guinée
à guider nos pas et pardonner nos erreurs de jugement
commises en leurs noms

Tam-tam
Battez les tambours
Pour les ancêtres
réveillez leurs corps
dîtes aux champs de maïs vacillant sous le vent
gouverneurs de la rosée
qu'ils portent nos espoirs

Sonnez le lambi
Mooooooooooooooouuuuuuuuuuuuuhhhhhhhhhh
Le jour du grand rassemblement approche à grands pas
demain plus de 200 ans
de luttes d'indépendance
seront derrière nous

…Tambours et Assons

Rendez-vous sous le mapou
notre mémoire ancestrale tatouée dans ses branches
protecteur des âmes des défunts
pour lui témoigner notre révérence
et lui demander conseil

Flou-flouch-flou-flouch
Ta-ta-ta-ta-ta-ta-tam tam-tam !
c'est notre liberté
Libres !

Tremblements

Corps tordus hachés déchiquetés
Tant d'horreurs!
Stupeur de l'après-séisme
Et là, la faille, la vie, la misère
Enchaînées sans logique

Tes enfants écrasés
Sous le poids du béton et de l'acier
Incapables de se libérer de leur carcan

30 secondes ont suffi
à éteindre leur souffle et envoyer 230 000 âmes
au pays des ancêtres

Les gémissements, les sanglots
en écho autour de la planète
voix sans voix dans la vie et dans la mort

Le jour s'est fait nuit, des villes entières anéanties
les morts anonymes
dans les fosses communes

Les larmes de sang
de mères esseulées de jeunes orphelins
estropiés polytraumatisés handicapés

Quand je me suis tourné
vers toi Haïti
un an plus tard, ô, mon pays martyre, tu tremblais encore

Inondation

Cadavres flottants d'hommes et de bêtes
sur un fleuve de boue
dévalant les pentes rocailleuses
mêlés de débris de construction

Là où hier s'élevaient des maisons
un amas de branchages et d'argile séchée
laisse entrevoir un bras un torse gonflé
figés sans identité

Personne pour réclamer les corps qui enflent sous le soleil

Enfants trop faibles pour résister
aux ravages des flots
adultes surpris
par la soudaine rage de la pluie attendue

Pauvres dans la vie misérables dans la mort
bulldozers et fosse commune
enfouir leurs plaies
pour mieux les cacher

Bicentenairiade

Deux cents ans de bagarres de luttes fratricides inutiles
vaines et infertiles
deux cents ans à brandir flambeau d'innocence
à crier notre liberté au prix du sang

Deux cents ans de drapeaux divisés recolorés banalisés
au nom de partis invisibles et stériles
deux cents ans à crier notre hargne et montrer notre fierté
pour ne rien accomplir

Deux cents ans pour léguer un pauvre passé glorieux
un présent incertain un seul espoir
que les deux cents ans prochains nous souriront un peu

Et nous sonnerons la charge
partirons monterons à l'assaut des soleils

Espoir

Dis marin
dis pêcheur
que vois-tu
là-bas au loin
au-delà de l'océan ?

J'ai beau scruter
je n'aperçois rien
puis-je monter sur tes épaules
pas de chance
il n'y a que de l'eau

Toi qui connais la mer
existe-t-il une terre
fertile et pleine d'avenir
comme on le prétend
ou est-ce mon imagination ?

Dis marin
dis pêcheur
ton amante voudra-t-elle
m'offrir une Simbi[2]
pour m'emmener par-dessus les vagues ?

Simbi nan dlo
Déesse redoutée aimée
je suivrai ton chant
jusqu'au délire

---

2. Simbi : sirène dans la mythologie haïtienne et vaudou.

…Espoir

Emmène-moi au creux des abysses
sur tes nageoires dorées
laisse-moi découvrir
cette terra incognita
Terre promise

Les enfants du soleil

Ils ont grandi dans la plaine baignée de soleil
ils ont fait leur chemin
malgré l'adversité d'un pays sans lendemain

Ils ont vécu à cité soleil
riant jouant dans les rigoles et dépotoirs
à ciel ouvert

Leurs jeux et leurs chants
je les ai accompagnés un été de bonne conscience
puisée dans la confiance de missionnaires étrangers

Avec pour seul bagage l'espoir de meilleurs lendemains
ils rêvaient d'un monde plus égalitaire
les enfants du soleil

Leurs voix ont disparu de mon souvenir
leurs visages anonymes leurs noms oubliés
enfouis dans les encombres de ma mémoire

Mes amis du lycée délaissés ou perdus
ont suivi des chemins
où nos pas ne se croisent jamais

Un petit rien

Le sang de douze ans d'âge s'étend sur le sable
résultat de tirs croisés entre bandes rivales
qui se battent se tuent
pour trois fois rien

Quand on n'a rien du tout
presque rien brille de mille feux
le prendre à un autre qui n'a guère plus à donner
et s'il le faut tuer des enfants

Le sang se lave sur la plage à chaque lampée d'écume
ton fils, mon frère ne fera pas la Une
un cas banal
un mort parmi tant d'autres

Celui qu'on assassine
c'est mon enfant mon futur né pour crever
il faudrait les compter par milliers de mille
pour que le monde s'éveille

La vague lèche et efface le sang
la mémoire de la rançon
pour ceux qui n'ont rien
trois fois rien vaut mieux que rien du tout

Le cri de la terre

Si ma mémoire fait défaut
mon corps se rappelle la douleur ressentie
par ces voix venues du fond de la terre
les cloches se sont tues, tues
tuées dans un éclair de poussière

Goudou goudou goudou

Les vautours tournent
dans le nuage de béton et d'acier
le soleil s'obscurcit
toutes ces vies soufflées

Goudou goudou goudou

Erzulie
Mes cousins sont partis vers toi
guide les pas de ces frères de ces sœurs de ces mères
de ces pères tous tes enfants

Goudou goudou goudou

Le poids du ciment pèse lourd sur le dos des trépassés
plume sur les consciences pulvérisées des constructeurs
ils ont triché le béton et l'acier

Goudou goudou goudou

Passées les secousses, l'anarchie reprend ses droits
les bidonvilles surgissent des gravats
dans la nuit antillaise, ils se bouchent les oreilles
pour ne pas entendre la clameur qui surgit de la terre

…Le cri de la terre

Goudou goudou goudou

Haïti n'a pas dit son dernier mot
Nous ne périrons pas

Port-au-Prince

Je te retrouve ma beauté ma ville
je reviens flatter ton ventre
remonter dans tes entrailles

Tes humeurs me donnent la frousse
moi qui t'aime même
dans ce que tu as de plus laid

Je reviens vers toi
le cœur battant
mon enfance évanouie

Quelles sont ces marques
ces plaies récentes
partout sur toi ?

Je traverse tes artères
la peur enroulée autour de ma poitrine
chaque bouchon chaque attroupement m'angoissent

Tes enfants vont et viennent
inconscients
aveugles à ta douleur à tes malheurs

Fière métissée meurtrie
tu parles avec un accent qui n'existe pas encore
de tes enfants qui ne demandent
qu'à grandir auprès de toi

Ancrée au fond de ta baie gueule béante
prête à avaler la Gonâve
tu brûles sous le soleil ardent
des dieux vengeurs

…Port-au-Prince

Entre deux carrefours tu t'étires
d'est en ouest du nord au sud
riche pauvre
bidonvilles et palais entrelacés

Des puanteurs de ton port au parfum entêtant des fleurs d'ilang-ilang
tu épands un lit de pétales de bougainvilliers
ton mirage miroite

Dans ton éternel été
tu te fardes de miel
dissimules tes cicatrices
masques tes douleurs

Ces cris dans le lointain
sont les battements de ton cœur
sous les vacarmes
ton pouls fébrile et désordonné

Monte par-dessus les klaxons tonitruants des tap-taps
ou les cris des Madanm Sara
ton identité se joue à chaque croisement
au détour de chaque rue

Tendez l'oreille écoutez-la vivre
humez son air à nul autre pareil
ouvrez les yeux voyez
Port-au-Prince ma ville resplendissante de beauté

Erzulie

Mètrès kay mwen
me voici prosterné devant toi
toi qui connais les joies de l'amour
toi qui connais les joies du retour
entends mes supplications

Èzili mètrès kay mwen
m'a pwalé nan dlo
qui va prendre soin de moi
sinon toi
ma barque est fragile et la côte lointaine
mon amour vit là-bas
ma vie se déroule au loin
aide-moi à atteindre la rive
intercède pour moi et demande à Agwè
de rester tranquille
pour m'amener à bon port
sur une mer calme et fluide

Prisonnier du tambour

Je suis prisonnier de la peau sacrée
de mes ancêtres
son rythme m'agite, me secoue, me réveille
grands tambours du temple, tambour rada,
Grande Brigitte
battez-les pour annoncer le rassemblement
le retour de tous les enfants d'Afrique

Ta-tam !

Appelez les dieux vaudous
à la rescousse de notre monde qui s'effondre
debout, les ancêtres
des chaînes invisibles me retiennent
me relient à ce tambour de chêne
sa peau est leur peau, ma peau

Ta-ta-tam !

Pourquoi m'enfuirai-je ?
dans ma mémoire et tout mon être, palpite
le tam-tam qui me berce

La percussion de l'épiderme contre le bois
la main charme les os de serpent les graines les perles
et fait résonner l'Afrique toute entière
dansez dans la chaleur des couleurs de l'Afrique

Ta-ta-ta-ta-ta-ta-ta-tam !

...Prisonnier du tambour

Je suis prisonnier du tambour sacré de mes ancêtres
dont le son m'embrasse et embrase mon cœur
invoquez les dieux vaudous
et invitez les âmes à nous accompagner
dans ce parcours voyage exil
de mots et de chansons

Mon sang bout au rythme de ses vibrations
Je suis prisonnier, prisonnier du tambour sacré
de mes ancêtres

Ta-ta-ta-ta-ta-ta-ta-tam tam-tam

Les treize[3]

La liberté au bout de leurs fusils
et dans leur havresac
ils ont jeté l'ancre
à Dame-Marie

Treize idéalistes
jeunes et impatients
abandonnant leur vie américaine
pour combattre le tyran
dans les maquis du sud d'Haïti

Leurs noms retentissent encore
sur le parvis du palais
Max Armand
Jacques Armand
Gérald Brierre
Mirko Chandler
Louis Drouin fils
Charles Forbin
Jean Gerdès
Réginald Jourdan
Yvan Laraque
Marcel Numa
Roland Rigaud
Guslé Villedrouin
Jacques Wadestrandt
appelés un par un par le despote nasillard

---

3. Une version antérieure de ce poème est publiée dans *Le jour se lèvera*, Éditions David, 2020.

...Les treize

La mort donnée en spectacle
à la foule forcée d'assister au carnage
des deux derniers

Treize vies fauchées en pleine jeunesse
trahies par les leurs
pour quelques dérisoires deniers

Treize noms oubliés effacés
privés de tombe privés de mémorial
la dictature a triomphé toute révolte étouffée

Ma ville

Je reviens dans le sein protecteur
d'une enfance depuis longtemps envolée
le séisme a effacé les jardins de mes souvenirs
la maison où j'ai grandi n'existe plus
je n'ai plus de repères

Tu portes les marques de tes plaies récentes pas toutes cicatrisées
le quartier a changé ses habitants aussi
là où la paix régnait il n'y a plus
que chaos et anarchie
les gangs ont pris le contrôle de tes rues

Tes citadins ont fui
ta beauté ensevelie sous les immondices
que les porcs se disputent avec les chiens
vers les banlieues
abandonnant tes immeubles aux multiples assauts

Tes artères les plus animées sont envahies de tap-taps et de motos
de marchandes en mouvement perpétuel
à la recherche d'une vie insaisissable
la misère s'est emparée de toi
tes fils transformés en mendiants

Qu'est-il advenu de la dame fière de ma mémoire ?
Comment tes gardiens ont-ils pu te laisser déchoir ainsi ?
Ma ville aux milles couleurs
il a fallu que je te quitte
pour apprécier ta beauté

Jérémie

Lorsque je me suis penché vers toi
Ô, Jérémie, tu pleurais
tes enfants écrasés sous le poids d'un tyran
toi la poétesse fille des mers du Sud
tu as vu leur sang verser
leur descendance éparpillée aux quatre vents

Ils avaient dorénavant pour bannière
un drapeau étoilé, une feuille d'érable
ils ne parlaient plus le langage que tu sais

Quant à la pointe noire, je venais solitaire
dans ton sein, chercher l'inspiration
tu gémissais à la mer ta désespérance
combien de fois, elle avait couvert tes cris
combien de fois, elle avait dans son sein
englouti tes enfants

Lorsque je me suis tourné vers toi
tu pleurais Jérémie
plus jamais tu ne connaîtras les joies du retour
Ô Jérémie que je te plains

Tempêtes et naufrages

Maître Agwe s'emporte ses enfants
ont pris la mer une fois de plus
sur un frêle esquif vers le pays Yankee

Le vent forcit s'enrage
ils n'arrivent pas à maintenir le cap
sans boussole

Le capitaine de La circonstance sait qu'il faut se diriger
vers le nord
passer au large de Cuba et continuer
jusqu'à la terre

Les voiles enflent les vents contraires
les assaillent les poussent
trop loin Simbi ne peut les guider
de son chant

Le soleil brûle comme le feu
les yeux la peau le sang s'assèche
la soif coupe la gorge la langue enflée

Maître Agwe sou lan-mè même fâché veille
il les pousse de ses mains du fond de la mer
pour les maintenir à flot
mais ne peut intervenir davantage tel est le destin

Les voiles se déchirent les enfants en délire
la barque chavire une autre tragédie lira-t-on
dans les journaux du monde
quelques Haïtiens de moins
ils n'ont pas prié assez fort et leurs offrandes étaient trop
maigres

glués à l'épave ils s'agrippent au mât de misaine de misère
la vie leur échappe ils le savent, ils le sentent

Vaut-il mieux mourir en risquant tout
ou à petit feu de rien du tout ?

Soulevés par la houle ballotés par le ressac les plus faibles
glissent puis disparaissent si les requins ne les dévorent
ils s'échoueront sur une plage de la Barbade retrouver
d'autres compatriotes dans les fosses communes

S'ils sont chanceux leurs corps reviendront anonymes
sur la terre de leurs ancêtres

La nuit les enveloppe
ils grelottent
la faim la soif les emportent au pic du délire

Assis sur le gouvernail Guédé attend

Le marché

On se bouscule on se tire
achetez-moi ci achetez-moi ça
meilleur prix pour vous

La voix s'étire et se perd
jusqu'au prochain étal qui prend le relais
aussitôt remplacée par une autre
à l'infini

La viande voisine l'essence en petites bouteilles
dans les mêmes flacons l'huile naguère d'olive
est devenue végétale, maïs, colza, canola
toutes importées

Sacs de riz de partout *made in USA*
hecho en República Dominicana
aucune variété locale en vue
l'aide aux fermiers de l'Arkansas a enterré
les fermiers d'ici
même proche de l'Artibonite le riz local n'a pas cours

On passe devant les volailles qui caquètent
près des chèvres
plus loin, une odeur caractéristique et acide
annonce la présence des porcs confirmée
par leurs grognements

Dans un foisonnement de couleurs vives
les légumes tentent les yeux de l'artiste peintre
les parfums des fruits juteux appétissants
le plongent en plein dilemme

…Le marché

En habits chamarrés
les vendeuses de milliers de petites choses
hèlent le chaland
se mêlent au joyeux concert du marché

L’orage

Soudain tonnerre éclairs bourrasques vents violence et tremblements roule le tambour du ciel dans les volets charge la cavalerie contre les portes ouvertes sous la pluie qu’on s’éreinte à fermer leurs serrures claquent à nouveau

Le soleil perce les nuages et réapparait resplendissant

Plaisir des tropiques

Chagrin d'amour

Je pleure pour toi Haïti
tes trésors dilapidés par des despotes sans scrupules
tes ressources pillées laissées nues à sécher
sous un soleil de plomb
pour tes enfants affamés d'espoir et sans futur
et ceux qui exilés ne sauront jamais
la douceur sans pareil de tes fruits
la luxuriance de tes fleurs
le parfum exotique de tes campagnes

Je pleure pour toi Haïti
d'une peine aussi profonde
que mon impuissance à te secourir

Ivresse

Je sors de l'avion aseptisé
bombardé de stimulations immédiates
obligé de vivre tous les sens en éveil

Au marché
effluves marins des poissons exhalaisons douceâtres de la viande parfums juteux des mangues gorgées de soleil en strates odorantes au-dessus de l'eau stagnante
et des fruits de toutes les couleurs

Bleu ceylan du ciel infini des pays insulaires
rouge la poussière du chemin qui pénètre mes narines
dans le souffle sec des os broyés

Les morsures du soleil embrasent ma peau
d'un feu ancien et nouveau
le vent cingle mon visage

Incroyable parcours sur une si petite distance
en tant d'heures
ballotté par les cahots ornières de la route
interrompue par les rivières
passages à gué

Absorber cette beauté plein les yeux
nature enivrante forêts luxuriantes
vert lichen vert malachite vert impérial vert émeraude
et puis rien

Je ne vois plus les contrastes
je ne vois plus que la beauté des êtres

La Citadelle du Cap

Le soleil se lève et perce le voile de brume
tout doucement pour ne pas froisser la mer
puis embrase le ciel d'été
mon paradis

Six bateaux et pirogues sont sortis tôt ce matin
sillonner un petit bout de mer
espoir d'un butin miraculeux à vendre au marché du jour
à même la plage du retour

Majestueuse en dépit de ses murs lézardés
sa fierté perchée à cheval sur sa montagne
la Citadelle veille au loin
se laissant admirer depuis la ville du Cap

Figés par la rouille battus par les intempéries
les canons muets depuis des siècles
gardent ses remparts désertés
par une armée fantôme

Accoudé au balcon
je gravis la route sinueuse jusqu'à ses portes
passe par le Palais Sans-souci où les souvenirs de Noirs
prestigieux dansent en habits de gala
à la mode du vieux continent

Que d'histoires dans ses murailles que de complots dans
ses flancs ont trouvé leurs écueils
dans l'œil vigilant et l'oreille attentive du monarque
Christophe
Là n'est-ce pas son esprit que j'aperçois planer au-dessus
du fort ?

Lettre aux ancêtres

Mon cher Capois fier Caco
tu dois te demander ce qu'il est advenu de ton pays
ton peuple affamé genoux pliés et mains tendues
est réduit à mendier devant la gent internationale

Et toi Jean-Jacques te questionnes-tu parfois sur
l'indépendance toi fauché tout juste après plus de deux
cents ans pour arriver à quoi misère et désolation

Que dirais-tu Christophe visionnaire bâtisseur en voyant
ton Palais envahi par les ronces et ta Citadelle en ruines
qu'ont-ils fait de ta belle ville du Cap ?

Et toi Pétion que te reste-t-il sinon une ville à ton nom ?

Qu'est-il advenu de ce grand rêve ?
Qu'est-il arrivé pour que nous soyons toujours à
recommencer
sans jamais arriver nulle part ?

Il me semble que l'Histoire a la mémoire et la vue un peu
courtes

Toussaint

Né chétif et frêle
fatras-bâton du Bréda pour tes amis
voué à une vie d'esclave
tu as su t'élever
jusqu'à devenir le meneur
de Saint-Domingue

Tu as gagné des batailles pour l'Espagne
battu l'Angleterre
et conquis Saint-Domingue pour la France
unificateur, pacificateur, belligérant
esclave devenu esclavagiste
émancipateur et libérateur
tu as amassé fortune et gloire

Capturé par ruse
enfermé loin des tiens
condamné à mourir dans un cachot humide
parce que le premier des Blancs
conquérant d'Empire a frémi
devant le charisme et le pouvoir
du premier des Noirs

Jusqu'au bout tu lui as tenu tête
lui qui te promettait libération
contre ta fortune cachée sous terre
dans des jarres d'argile
selon la légende
seule la maladie pouvait te vaincre

…Toussaint

Lorsqu'il a arraché l'arbre de la liberté
tes éclats de racines profondes ont repoussé
faisant quelques années plus tard
jaillir l'indépendance dont tu rêvais
ton cadeau posthume
inébranlable Toussaint pour l'éternité

Coupables

Coupables la police et l'armée de semer le chaos
le gouvernement de rester passif
devant la pauvreté et les crimes

Coupables les partis politiques de prendre seulement parti
pour s'accaparer le pouvoir sans le souci du peuple

Coupable l'Église oligarchique et putassière qui couche
avec l'un qui couche avec l'autre dans l'espoir de survivre

Coupable le peuple de rester impassible dans sa misère et
d'accepter le statu quo

Coupables les privilégiés que nous sommes de ne point
agir de laisser mourir nos frères

Coupables à petit feu au quotidien

J'accuse le doigt tourné vers moi
Condamne ! Condamnons !
Agis ! Agissons !

Livret III

Nostalgies

Rêves d'enfance laissés pour compte
sur le pas de la porte
irréalisés et délaissés
au seuil d'un territoire adulte
où les espoirs n'ont aucun cours ni recours

Nostalgies de pays anciens perdus et reconquis
joies lointaines d'un temps effacé
terre abandonnée
toi qui as vécu proche d'elle
arrachant une misère à ta parcelle de terre inculte
parsemé de cailloux à coups de houe
en attendant la maigre récolte des journées de pleine lune
qui ne pourra payer les dettes d'achat de semences
ni l'école des tout petits

Raconte-moi la terre et les nostalgies de contrées
nouvelles devenues anciennes
l'ambiguïté du monde perdu dans ses chimères
disséminé dans des chemins qu'il n'a pas choisis
tant d'enfants à aimer !
tant de femmes à naître !

Joies lointaines d'un temps effacé
de contrées nouvelles
devenues anciennes
rêves d'enfance sans lendemain

...Nostalgies

Nostalgies de trois générations
qui ont vu passer vos pieds
et vos sueurs qui ont arrosé la terre
quand ce n'étaient pas vos pleurs d'un pays perdu et reconquis
pays de sans frontières et de sans pays
pays de sans-patrie où des rêves d'enfants
n'ont aucun cours

Raconte-moi ton cœur meurtri de tant d'injustices
ta rage indicible toujours trop contrôlée
parle-moi les pluies de plus en plus rares
ou leurs colères soudaines
qui emportent tout de ce pays perdu et reconquis
pays sans cesse conquis et reperdu

Raconte-moi la terre
toi qui aurais tellement de choses à me dire
de ce pays meurtri aux accents d'avenir
pays à réinventer pour des enfants en devenir

Pays à construire à reconstruire
pays perdu et reconquis
pays de sans frontières et de sans pays
pays sans cesse conquis et reperdu

Pays perdu à reconquérir

Étrange temps

Le soleil se lève sur le solstice naissant
les gazouillis des oiseaux dominent le trafic
traversent la paroi de verre et d'acier
entrent dans l'appartement climatisé

La chaleur ondule déjà sur l'asphalte
et le béton claque
en attendant l'orage qui gémit au loin
dans les champs

Les fées ont déserté la torpeur de la ville
préfèrent se coucher à l'ombre des vignes ivres
du vin à venir

On dirait que le climat de mon pays
m'a suivi jusqu'ici et je m'étonne
de ne voir aucun pye kalbas ni pòm kanèl
parmi les dix millions d'arbres de la cité

L'averse tiède et soudaine
déverse l'eau de Port-au-Prince sur Toronto
c'est mon printemps qui débarque dans mon automne
le premier jour d'été

Il faut que je sorte
vérifier si je trouve dans mes rues nouvelles
quelque Madanm Sara
marchande de rêve éveillé

L'invitation

Je voudrais t'emmener au pays du siwo myel des colibris
et des bougainvilliers goûter les fruits des sapotilliers
humer le parfum des mangues et des caïmites mûres
contempler les hirondelles batifoler avec les libellules
admirer les pirogues de bois glisser sur les flots bleus
assister au lever du soleil sur les montagnes noires
respirer l'air pur et frais des matins de Kenscof marcher
pieds nus dans la rosée rencontrer les marchandes du
marché tôt le matin paniers sur la tête bras ballants
conversant comme dans leurs salons

J'aimerais t'emmener
mais tu ne comprends pas l'appel
que j'ai au fond de moi

Si seulement tu voulais venir avec moi

Rendez-vous

Revoir ce pays souvenirs épars et confus
respirer calmer les palpitations du cœur
la frénésie

Que vais-je trouver découvrir que j'ai laissé là
l'attente est longue la mémoire vide

Je reviens chez moi en étranger
jouer au touriste
lever le voile sur ce qui devrait m'être familier

Mon cœur bat la chamade
avant notre rencontre

À travers le hublot se dessine la côte
dans quelques minutes je foulerai le sol de mes souvenirs
mon passé m'accueillera et me prendra dans ses bras

Et si on ne se reconnaissait pas ?

Échappées

Ces souvenirs lointains collés à moi
que je porte le dos arqué
comme une femme enceinte
forment un pays que je ne cesse d'inventer

Je le sens dans mon cœur
je le sens dans mon ventre
je ne peux m'en défaire
sans me défaire de moi

Il est là et me manque
images floues et effacées
se dérobent
au-delà de ma mémoire

C'est pour lui que je peins
c'est pour lui que j'écris
pour mieux l'apprivoiser
mon pays que je ne connais pas

Répit

J'ai trempé mes pieds pour que mes pas se rejoignent
au carrefour de toutes les mers du monde
à marée montante à marée descendante

Laver mes plaies d'avoir tant marché
et libérer mes pas du fardeau porté
de l'Atlantique au Pacifique
des Caraïbes à la Méditerranée

J'ai trempé mes pieds
dans l'océan de nos plaintes pour qu'il se souvienne
de mon passage sur ses rives

Sur la pointe des pieds la mer se retire
emporte mes pas dans le courant de l'éternel retour

Instantané

Poésie itinérante née entre deux espaces entre deux temps au bord de l'eau courante se fait fleuve montagne rue s'expose dans un parc vit du regard de ceux qui l'admirent au détour d'un clin d'œil les mots palpitent à l'unisson des cœurs

Insularitudes

Iles lointaines
paysage de « bò de mè »
cases de pêcheurs
filets à tendre
bateaux en attente de la marée
poissons à vendre au marché
quai paisible

Les immigrants

Ils sont venus du Sahara du Sahel
leurs bagages jetés à l'eau par les passeurs
et même leurs enfants
sur leurs épaules le poids de la misère
et sous leurs pieds la véritable espérance

Ils sont ici là-bas ailleurs
cherchent à implanter de nouvelles racines
labourent tes champs travaillent ta terre
mais restent sur la rive
des éternels immigrants

Ils sont venus d'Afrique et des Antilles
de l'océan Indien ou de Madagascar
partager avec toi tout ce qu'il leur reste
les paroles des ancêtres
à la manière des griots

Ils sont venus de partout
déchirés d'espoir et de nostalgie
de la terre natale
écoute-les te raconter comment on vit
quand le futur c'est maintenant toujours

Petits bonheurs

Les journées de pleine lune quand l'amour est en feu
quand le feu est en flammes la chaleur de ton corps
ton souffle dans le mien
tes bras mes bras

Nos folies nos fous rires au matin
pleurent en silence
la chaleur à venir

Les saisons se déclinent en ton nom
la savane fumante ou la plaine gelée
nos membres engourdis par le froid de janvier
l'été sous zéro et l'hiver en enfer

Du moment que tu es là

Supplications

J'ai porté ma voix en haut de la montagne
pour que mes mots prennent vie
et se répandent dans la vallée
dans le petit matin blême mes paroles se sont perdues

J'ai porté ma voix en haut de la montagne
pour que mon cri voyage par-delà la savane
porté sur les ailes du vent
il s'est confondu à ceux du busard d'Amérique,
des flamants des Caraïbes
emporté de feuille en feuille à l'infini

Voix de sans voix d'amertume et de vague à l'âme
de sans-papiers, de déshérités, de déracinés
voix de tempête arrachant des larmes aux cieux
et les arbres du sol
voix de femmes rendues muettes
par des hommes qui les empêchent de parler
voix d'enfants sans parents abandonnés
mis au monde non désirés

Indifférent à mes supplications
le sage de la montagne m'a renvoyé chez moi
fatigué qu'il était d'écouter nos petites et grandes misères
écœuré de l'humanité souffrante

J'ai porté ma voix tout en haut de la montagne
mais même l'écho ne m'a pas répondu

Partance

Avance où le vent te pousse
le pas alerte et le cœur léger
ceux que tu laisses
tu les retrouveras au retour

Suis ta route même improbable
au risque de te tromper
ailleurs te réserve de belles découvertes

Va au bout de tes joies de tes peines
pars tout de même
à la rencontre de l'autre
de toi

Chut

Les voix se sont tues
depuis longtemps la peur a remplacé
la volonté de s'exprimer
les voix des sans voix
se soulevant dans le matin
se sont fait éteindre avant la fin du jour
les voix se sont faites silence alors qu'elles voulaient
crier rugir proclamer dénoncer accuser
l'oligarchie présente et les voix minoritaires des plus forts
ont seules voix au chapitre

Le silence parle

Réminiscences

Un jour, j'aurai l'univers en mémoire
la mémoire de tous ceux qui m'ont précédé
disparus qui m'ont transmis ce que je suis

Je reconnaîtrai leurs voix j'entendrai et je saurai

Un jour, j'aurai l'univers en mémoire
la mémoire de tous ceux qui m'ont fait ce que je suis
et transmis ce que je sais

Je reconnaîtrai leurs pas dans le silence de la mémoire
ancestrale
alors je comprendrai

Douala la nuit

La musique pulse grisante
la piste de danse ploie sous les corps moulés
les robes filigranes se déploient
et s'accrochent à celui qui s'approche

Farouches les femmes alpha défendent leur territoire
un regard suffit à chasser toute intruse qui oserait
s'aventurer à charmer le gibier déjà réservé

Tantôt africain tantôt français parfois les deux
le rythme métisse la peau
chaloupe dans la chaleur des corps humides
et les vapeurs d'alcool

La tension grandit à mesure que la nuit devient noire
les tambours
l'attente
trouver un partenaire pour tromper l'angoisse
dehors
oublier
Douala la nuit

La musique se languit des corps lianes fusionnés aux
troncs bougent à peine
sur la piste de danse peu importe les regards intrus
les couples enlacés ondulent seuls au monde

Le jour se lève déjà
et ainsi bat Douala la nuit
Zanzibar ou Paris
toujours au présent

Femmes du monde

Vous, les mères originelles
venues d'Asie d'Afrique et d'ailleurs
Vous, amantes compagnes amies
je me suis imprégné de vous, lentement
et de votre parfum envoûtant qui m'enivre

Femmes-continents
tantôt Asie tantôt Afrique ou Amérique qu'importe

Vos jambes de gazelles ont traversé la savane
parcouru les déserts gravi les montagnes d'acier et de verre
à la conquête du premier droit.

Battues combattues excisées
lapidées avortées chassées vénérées
affichant les cicatrices des rêves perdus
des espoirs évanouis et des futurs prometteurs
vous n'appartenez qu'à vous.

Posée sur votre tête
l'eau de la mémoire unifie
l'énigme de l'Orient les mystères de l'Occident
tous ces souvenirs vous ont façonnée
et vos yeux ont vu tant de choses
que je suis assoiffé de découvrir en vous

Femmes tantôt printemps, tantôt hiver
je sillonne le monde
dans vos yeux rieurs
et les rides de vos paupières.

Et s'il ne reste qu'une femme à aimer
je vous aimerai encore
ma muse mon amie

Blues du lundi matin

Le streetcar dérape
emporte ses passagers hagards
leurs visages manquent de sommeil
le regard étoilé des drogués de la veille
en conversation avec eux-mêmes ou des amis imaginaires

Move to the back please!

Dans les vapeurs de sueur et d'alcool
une vieille itinérante
serre ses maigres possessions sur son cœur
la bile remonte à mes lèvres
les passagers se bouchent le nez
les écouteurs plantés dans les oreilles

Move to the back please!

Pas un poil ne dépasse
des cheveux lissés gominés attachés
les tenues de bureau
ne font pas un pli
personne ne bouge

Sous l'averse la ville se déplace le dos courbé
cachée sous les parapluies qui peinent
les costards cravates fleurent le parfum chic et cher
les chaussures griffées sautillent
afin d'éviter les flaques et les impacts de boues polluées

Le week-end est déjà loin

Prière païenne

Au nom du père et de la mère
Au nom du fils et des filles
Sainte-famille éclatée
divisée

Au nom du père et de la fesse de la mère et de son sexe
au nom de l'enfant bâtard ou non
déchiré demain de regarder
l'un de ses parents le quitter

Au nom de la fille perdue du coin de la rue
au nom de son esprit abandonné
sa peau achetée pour quelques sous
au bord de son cœur durci

Au nom de ceux qui malgré tout persistent
à trouver l'amour
au nom de toi ma mère nourricière et tendre
partie pour mieux revenir au pays des ancêtres

Au nom du père de la mère et de la famille retrouvée
au nom de ceux qui n'auront pas d'enfants
de peur de les mettre au monde et de les réduire au néant
au nom de tous

Je vous salue !

A mes amis, à l'heure de ma mort

Je ne suis pas mort je transite
vers le pays des aïeux
ne me pleurez pas

Je ne vous ai pas quittés
les arbres qu'hier je regardais
sont toujours présents devant vous

Je suis
dans le soleil qui se lève dans la pluie qui vous arrose
dans la rosée et les jours de pleine lune je danse dans la
plaine sous le saule ou l'érable

Je ne suis pas parti loin
regardez autour de vous je suis toujours là
dans ce livre que j'aimais
dans ce fauteuil sur lequel je passais de longues heures à
réfléchir
dans ce parc où je me promenais
alors séchez vos larmes
et souriez avec moi

Souvenez-vous des jours heureux
auprès du feu
autour de la table
savourant un bon repas
partageant une joyeuse bouteille

…A mes amis, à l'heure de ma mort

Je ne suis pas mort
J'ai plié mes bagages avant vous
visiter les parents partis préparer le chemin

Je ne serai jamais mort
tant que vous m'aimerez encore

Cet ouvrage est composé en Fairfield LH, 11 points
selon une maquette de Marie Blanchard.

www.ingramcontent.com/pod-product-compliance
Ingram Content Group UK Ltd.
Pitfield, Milton Keynes, MK11 3LW, UK
UKHW022013260726
13994UKWH00006B/2440

9 782925 133087